NATIONAL GEOGRAPHIC

Peldaños

Everglades
Parque nacional

Bienvenido a los Ever

Canales misteriosos se entretejen en las tierras bajas del sur de la Florida. Árboles altos y otras plantas se yerguen en las márgenes de los ríos y brotan de los **pantanos**. Serpientes y cocodrilos se arrastran en estas bajas áreas herbosas cubiertas con lodo y agua. Este extraño lugar son los Everglades, y no se parece a ningún otro lugar de la Tierra.

El agua da forma al mundo de los Everglades. La lluvia cae incesantemente de mayo a noviembre. Los ríos y los lagos se llenan. Luego se desbordan y vierten el agua dulce por la tierra. El agua fluye hacia el salado océano Atlántico, al sur, esparciéndose a través de pantanos poco profundos y tierra abierta cubierta de hierba. Incluso durante los meses secos, el agua que fluye lentamente sigue afectando la tierra y forma pequeños estanques y lagos.

glades

por Jennifer A. Smith

Mangles rojos bordean este arroyo de movimiento lento cerca de la bahía Oyster en el parque nacional Everglades.

El parque nacional Everglades yace en el límite de dos zonas climáticas, regiones que tienen climas similares todo el año. Los seres vivos que prefieren temperaturas templadas se mezclan con seres vivos que están adaptados a climas más calurosos y húmedos. Las plantas y los animales tienen características especiales que los ayudan a sobrevivir. Las plantas que viven en áreas que el mar suele inundar deben poder vivir y crecer en agua salada. Muchos animales deben sentirse cómodos tanto en el agua como en la tierra. ¿Alguna vez has visto un conejo nadador o una nutria de río con patas palmeadas? Los puedes encontrar en los Everglades.

Los Everglades solían ocupar la mitad de la Florida. En la actualidad solo queda aproximadamente la mitad de los Everglades originales. Las personas, los animales y las plantas pueden disfrutar de lo que queda de este lugar especial porque es un parque nacional.

Luchar por los
EVERGLADES

Los nativo-americanos fueron los primeros que se establecieron en los humedales de los Everglades de la Florida. Vivieron aquí miles de años antes de que aparecieran los exploradores españoles. No obstante, no es fácil vivir en un pantano. Pocos colonos lo intentaron al comienzo. Pero en el siglo XX muchos decidieron que la Florida era un buen lugar para vivir y cultivar. Vaciaron los pantanos para hacer campos de cultivo. Construyeron ciudades y autopistas. A medida que sus granjas y ciudades crecían y se extendían, los Everglades se reducían.

1513 Los españoles entran por primera vez a los Everglades y se encuentran con los calusa, el pueblo que creó esta figura gatuna. Los calusa son ancestros de los seminola, nativo-americanos que viven en la actualidad en los Everglades.

1947 Se establece el parque nacional Everglades. Ernest F. Coe, el "padre del parque nacional Everglades" concurre a la ceremonia de dedicación del nuevo parque. En la foto, es el hombre de la derecha.

1963 Con la amenaza de guerra inminente, el Ejército de los Estados Unidos establece una base de misiles en el parque. La base cierra en el año 1979. En la actualidad, en el parque se programan paseos por la base de diciembre a abril.

Un hombre llamado Ernest F. Coe visitó los Everglades muchas veces de niño en la década de 1870. Se enojó cuando descubrió que las personas sacaban flores adorables llamadas orquídeas y cazaban las aves poco comunes que vivían allí. A Coe le preocupaba que se destruyera la fauna y el **paisaje**, o entorno natural, especial del área. Junto con otras personas trabajó mucho para hacer que los Everglades fueran un parque nacional en el que la tierra, el agua y los seres vivos pudieran preservarse.

Los que habían estado vaciando los Everglades para construir sobre el pantanal lucharon con tenacidad, pero Coe y sus seguidores finalmente persuadieron al gobierno para que comprara la tierra. Finalmente, el parque nacional Everglades se estableció en el año 1947. Este nuevo parque hizo que fuera posible preservar al menos parte de los humedales y la fauna del área.

2012

Casi un millón de personas visitan el parque nacional Everglades cada año. Muchos viajan al corazón de los Everglades, donde pueden ver marismas de cortaderas desde esta torre de observación.

En casa en los EVERGLADES

En la actualidad, el parque nacional Everglades cubre más de 2,000 millas cuadradas de tierra y agua. ¡Es más grande que el estado de Delaware! Contiene uno de los campos de cortaderas, una planta dentada y delgada, más grandes del mundo. También es el hogar del bosque de mangles más grande del mundo. Un mangle es un árbol que crece bien en el agua y tiene raíces que parecen los nudillos abultados de la mano de una persona.

¿Cuál es la mejor manera de ver los Everglades? Intenta ver el parque desde el agua. Muchos visitantes disfrutan al remar en el canal del lago Mud, un canal para canoas que construyeron los nativo-americanos. Es uno de los pocos canales antiguos para canoas que quedan en Norteamérica. El canal está compuesto por vías fluviales angostas cavadas en el suelo. Se construyó para poder viajar en canoa sin tener que salir a las aguas agitadas del golfo de México.

⌃ Muchos senderos para canoas y kayaks serpentean a través del parque. Un sendero, el canal Wilderness, mide 99 millas de largo.

Hay muchos hábitats, o áreas de vida, en el parque nacional Everglades. Estos hábitats son el hogar de una gran variedad de fauna. Entre esos animales salvajes hay más de una docena de **especies en peligro de extinción**, o animales que están cerca de desaparecer. Muchas personas llegan a los Everglades solo para ver la fauna. Sin embargo, las criaturas se han vuelto tan poco comunes, que suele ser difícil avistarlas. No obstante, si eres paciente y tienes suerte, quizá veas una pantera de la Florida rondando entre los pinos. O quizá veas un halcón pequeño en peligro de extinción que se llama caracolero común mientras vuela sobre el canal en busca de su alimento favorito: los caracoles. Los manatíes de las Antillas, animales grandes a quienes les encanta el agua y que algunos llaman "vacas de mar", viven en las aguas de los pantanos de mangles del parque. Por suerte, el parque protege a estas especies y todos los seres vivos que viven dentro de sus límites.

El caracolero común depende de los caracoles para alimentarse. A medida que el hábitat de los caracoles se reduce, hay menos para que coman los caracoleros comunes.

Compruébalo   ¿Qué hábitats se han preservado con la creación de este parque nacional?

GÉNERO Diario de viaje

Lee para descubrir sobre los lugares y la fauna que puedes ver en el parque nacional Everglades.

MI AVENTURA EN LOS EVERGLADES

por Jennifer A. Smith

Quiero mostrarte fotos de mi viaje a los Everglades en la Florida. Mi familia fue el verano pasado, y fotografié algunas plantas y animales asombrosos. Echa un vistazo. Te contaré sobre ellos mientras miras.

Nuestra primera parada fue el sendero Anhinga, unas millas más allá de la entrada del parque. Caminamos por una senda de madera llamada pasarela, observando aves y otros animales. Saqué esta foto de un ave serpiente. Se la llama ave serpiente porque su cuello largo sobresale del agua y se mueve de lado a lado cuando nada, como una serpiente.

Tomé esta foto de un halcón posado en el medio de una pradera. Probablemente estaba cazando pequeños mamíferos o serpientes.

Esta ave serpiente mantenía una mirada atenta en el caimán que estaba en el agua.

Estos son mangles enanos. Los mangles son árboles que pueden vivir bien en agua salada. Prosperan en lugares como los Everglades, donde el agua dulce se mezcla con el agua salada.

Dos de mis lugares favoritos en el parque fueron las marismas llenas de cortaderas y los pantanos de mangles. Descubrí que la cortadera no es una hierba. Es una planta alta con bordes afilados al costado. Te puede cortar si la rozas accidentalmente.

Los mangles que vimos parecían increíbles, pues crecían en el agua. Sus raíces hacen que parezca que tienen docenas de patitas. Parece que a las aves que caminan en el agua también les gustan los mangles, ya que se alimentan y anidan en ellos durante los meses secos.

¡Cuidado! Divisamos esta mamá caimán escondida en su hábitat: el pantano de cipreses. Nos chistó para proteger a sus crías, así que todos nos volvimos corriendo al carro.

Un guardabosques me dio esta postal para que viera el aspecto de los domos de cipreses desde arriba.

La pasarela con vista panorámica Pa-hay-okee corre justo sobre una marisma de cortadera.

¡Mira lo que recogió el guardabosques! ¡Es perifiton!

Después del almuerzo, nos detuvimos a explorar a pie un hábitat de pantano de cipreses. Vimos unos interesantes cipreses pequeños y domos de cipreses. Estos domos de cipreses se forman cuando grupos de cipreses más cortos rodean a grupos de árboles más altos. Los domos son fáciles de ver desde arriba.

La pasamos muy bien explorando los domos, pero descubrimos que parte de la fauna que hay allí puede ser muy peligrosa. No querrías enredarte con una serpiente boca de algodón, por ejemplo. Sin embargo, es difícil asustarse cuando hay tantas flores bellas en todos lados. Las orquídeas eran mis favoritas.

Seguimos en carro un poco más por el camino y nos detuvimos en la pasarela con vista panorámica Pa-hay-okee para mirar. Mi hermano detectó una sustancia verde que flotaba sobre el agua. Le preguntamos al guardabosques qué era, y el guardabosques tomó un puñado para mostrarnos. Se llama **perifiton**. Se forma cuando un racimo de algas crecen juntas. Al principio pensé que era apestoso, pero después de un rato olía como la hierba recién cortada.

Así se veía el estanque Nine Mile desde mi canoa.

Divisamos muchas aves espátulas que bebían en el estanque Eco.

Al día siguiente fuimos en carro hasta el estanque Nine Mile en otra parte del parque. Queríamos explorar los Everglades por agua. Remamos en una canoa en el estanque con la esperanza de fotografiar el pantano de mangles. No solo obtuvimos unas magníficas fotos de los mangles, ¡sino que también vimos muchos caimanes!

Después de nuestra aventura en el estanque, volvimos a subir al carro y nos dirigimos al estanque Eco. Mientras caminábamos alrededor del estanque, me impresionó ver cuántas aves se reunían allí. Este debe ser un lugar importante para sus banquetes.

Vimos aves espátulas, que tienen el pico con forma de cuchara. No pueden picotear cosas como hacen otras aves de pico puntiagudo. En cambio, mueven el pico de lado a lado a través del agua para atrapar su alimento. También vimos otras aves llamadas cigüeñuelas. El agua del estanque es muy poco profunda, por lo tanto se puede ver qué tan largas son sus patas.

La razón por la que el parque incluye una mezcla tan interesante de animales es porque está en el sur de la Florida. Aquí puedes ver animales que viven tanto en climas **templados** como **subtropicales**. El guía nos explicó que el clima templado tiene cuatro estaciones: invierno, primavera, verano y otoño; mientras que el clima subtropical es cálido y húmedo gran parte del año. No obstante, no es tan cálido y húmedo como el clima tropical, que es húmedo todo el año.

Sí, ese es el ojo de un cocodrilo que nada en el lago Ingraham.

Nos encontramos con estos remeros en la ensenada Snake. ¡Casi se me cae la cámara en el agua por tomar esta foto!

Estas aves se llaman rayadores americanos. Sus plumas blancas y negras me recuerdan un poco a los pingüinos.

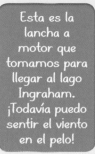

Esta es la lancha a motor que tomamos para llegar al lago Ingraham. ¡Todavía puedo sentir el viento en el pelo!

Echa un vistazo a este nido de huevos sobre pilotes que vimos a lo largo de la costa de Bahía Culebra.

Luego nos subimos a kayaks y remamos hasta la ensenada Snake. Aprendí que la palabra *ensenada* significa bahía dentro de una bahía más grande, lo que tiene sentido, ya que la ensenada Snake está en la bahía Florida. Vimos muchas aves e incluso unos delfines que nadaban por ahí, ¡que realmente me alegraron el día!

En unas cuantas horas, nos dolían los brazos de tanto remar. Decidimos intercambiar nuestros kayaks por un paseo en lancha a motor por el lago Ingraham. El paseo en bote me ayudó a refrescarme. Un largo día de calor puede ser realmente duro.

En el lago Ingraham, las aves como las garzas y los pelícanos se reúnen en el lodo durante la marea baja porque peces diminutos quedan atrapados allí cuando la marea se retira. Los peces son su alimento favorito. Los cocodrilos a veces toman el sol en la costa del lago y tuvimos la suerte de ver a unas cuantas de estas bellezas tomando el sol. A veces, cuando tienen frío, los cocodrilos se empapan en lodo para mantenerse calientes. ¿Puedes imaginarte ver un cocodrilo que se arrastra fuera del lodo?

Finalmente, era el momento de abandonar el lago. Cuando volvíamos a toda velocidad a la bahía Florida, tuvimos el final perfecto para un día perfecto en los Everglades: un atardecer espectacular.

Compruébalo   ¿Qué lugar del parque nacional Everglades te gustaría más visitar? Descríbelo e indica por qué.

El encanto del
Simio del Pantano

por Elizabeth Massie
ilustraciones de Scott Angle

Los Everglades siempre han sido un lugar espeluznante. El musgo español gotea de los árboles y arroyos silenciosos se deslizan misteriosamente a través de bosques de cipreses y mangles. ¿Es de sorprender que esta extraña tierra pueda refugiar a una criatura misteriosa?

—Tengo tantas ganas de salir a navegar en canoa mañana —dijo Demitri, de 11 años. Estaba sentado con su familia junto a una fogata crepitante, sosteniendo un palito con un malvavisco bien dorado.

—Y yo me muero de ganas de salir a caminar —dijo Deidre, de 9 años, mientras ensartaba tres malvaviscos en su palito—. Apuesto a que veremos muchos animales diferentes, y estoy preparada para sacarles fotos con mi nueva cámara.

Danielle, la hermana más grande, de 13 años, sonrió con picardía y dijo: —Espero que veamos a un Simio del Pantano.

—¿Qué rayos es un Simio del Pantano? —preguntó papá, alejando una polilla de su rostro.

Danielle levantó el libro que había estado leyendo. —Es una criatura enorme, parte simia y parte humana, y vaga por los pantanosos Everglades, principalmente de noche.

—Suena como Pie Grande, esa criatura extraña que algunos dicen que han visto en el bosque —dijo mamá, y lanzó un tronco al fuego.

Sí, es como Pie Grande, pero está cubierto con pelo largo y es realmente apestoso —continuó Danielle—. Algunos lo llaman Simio Mofeta porque huele a col podrida.

Demitri arrugó la nariz. —Uhh, eso suena repugnante.

—Me pregunto si lo huelen antes de verlo —dijo papá entre risas.

—Quisiera saber si el Simio del Pantano es real o si es un cuento inventado... una leyenda —dijo Deidre.

—Bueno —dijo Danielle—, los científicos y las personas que trabajan para el Servicio de Parques Nacionales dicen que el Simio del Pantano es solo una leyenda. Pero creo que podría ser real.

—Hace mucho tiempo —continuó Danielle—, los calusa (los nativo-americanos que vivían aquí antes de que llegaran los europeos) contaban cuentos de criaturas gigantes, peludas, con aspecto humano que vivían en los bosques de cipreses. En la actualidad, algunos creen que estos cuentos hablaban de los Simios del Pantano.

Mamá, papá, Demitri y Deidre comían sus malvaviscos tostados y escuchaban atentamente.

Mi libro también dice que uno de los primeros pioneros europeos, Henry Tanner, se estableció cerca de aquí y descubrió unas tumbas antiguas. Las excavó y escribió sobre lo que encontró: "esqueletos tan grandes como gigantes y calaveras que cabrían sobre la cabeza de un hombre normal". Creyó que eran las tumbas de nativo-americanos muy grandes, pero algunos creen que encontró los huesos de los Simios del Pantano.

—Vaya —murmuró Deidre mirando la oscuridad por sobre su hombro.

Luego dos cazadores se encontraron con un Simio del Pantano en el año 1822. ¡Acababan de quedarse dormidos cuando los despertó un rugido estruendoso! Corrieron a la ciudad para buscar ayuda y cazar a la criatura que los había despertado. La partida de caza descubrió y siguió las huellas en la tierra, que eran demasiado grandes para que las hubiera hecho una persona. ¡Al final dieron con el Simio del Pantano y lucharon con él!

—Entonces, ¿quién ganó? —preguntó Demitri.

Danielle sostuvo el libro cerca del fuego y buscó la respuesta.
—Mmm, no lo dice.

—Apuesto a que estaban asustados —dijo Demitri—, pero yo no
me habría asustado. Habría permanecido allí y esperado para ver
si el Simio del Pantano volvía a mi campamento. No habría cedido
terreno, hombre contra simio apestoso.

—Sí, claro —dijo Deidre poniendo los ojos en blanco.

Papá cerró la bolsa de malvaviscos y la guardó en un recipiente a prueba de animales. —Todos esos cuentos son de hace mucho tiempo. ¿Alguien ha visto uno de esos animales en los últimos cien años?

—Sí —dijo Danielle—, este libro dice que muchas personas han visto al Simio del Pantano, y no hace mucho. En el año 1959, cerca de aquí en el bosque nacional Ocala, una bestia grande y peluda persiguió a una tropa de niños exploradores en su campamento. Luego, en el año 1971, los científicos que trabajan en los Everglades informaron que una criatura extraña muy alta entró dando pisotones en su campamento y arrasando con todo lo que veía.

A los Simios del Pantano les deben encantar o deben odiar los campamentos, ya que siempre irrumpen en ellos —se rió mamá.

—Lo último que quiero es que un Simio del Pantano venga a meterse a nuestro campamento —dijo Deidre.

—¿Qué tal si pudieras tomarle una foto? —preguntó Demitri.

—Bueno —replicó Deidre con una sonrisa burlona y encogiéndose de hombros—, eso sería increíble, ya que podría mostrar la foto a todo el mundo en casa. Tendrían que creerme, y podría poner la foto en Internet.

—Todavía se informan avistamientos del Simio del Pantano de vez en cuando —dijo Danielle.

Papá se frotó el mentón. —¿Cuánto crees que es verdad y cuánto es leyenda o solo una simple ilusión?

—Según mi libro —informó Danielle—, la mayoría de los científicos coinciden en que no existe tal cosa como el Simio del Pantano. Nadie ha podido comprobar nunca que algún hueso o pelo que encontraron provenía de un Simio del Pantano. Y todas las fotos y videos que se han tomado durante años han resultado ser falsos.

FALSO

FALSO

FALSO

—Entonces, ¿no hay evidencia sólida de este Simio del Pantano? —preguntó mamá—. Pero recuerdo haber visto un programa de televisión donde se intentaba seguir el rastro y avistar al Simio del Pantano. Trataban el tema con seriedad.

—Muchos creen que existe. ¡Quieren que exista! —dijo Danielle—. ¿No sería emocionante encontrar una criatura extraña al acecho en los chaparrales de los Everglades? ¡Y escuchen esto! —Revisó los datos correctos en el libro—. En el año 1977, la Legislatura del Estado de la Florida introdujo un proyecto de ley para proteger al Simio del Pantano de los daños que recibiría si alguna vez se lo avistaba. Eso se debe a que miles de personas informaron que vieron a la criatura.

—¿El proyecto de ley se convirtió en una ley? —preguntó Demitri.

—No, pero esto demuestra la importancia que tiene el Simio del Pantano para algunos —dijo Danielle.

—Sea real o no —agregó Deidre.

Papá y Deidre apagaron la fogata con agua mientras mamá, Danielle y Demitri limpiaban. Cuando Danielle cerraba los recipientes de alimentos en el carro, recordó algo. —Saben, hay un Oficina Central de Investigación del Simio Mofeta en Ochopee. ¿Podemos ir allí mañana en la mañana? Tienen exposiciones del Simio del Pantano con fotos y relatos de los encuentros. ¡Incluso venden guías de plantas y animales para las personas que quieran investigarlo!

—Estoy de acuerdo. ¡Suena divertido! —contestó Demitri con entusiasmo.

—Yo también —dijo Deidre, y mamá y papá estuvieron de acuerdo.

Más tarde, esa noche, los demás estaban dormidos en sus tiendas. Deidre y Danielle se asomaron de la tienda que compartían. Escucharon entre el chirriar de los insectos nocturnos y el llamado de las aves nocturnas para detectar sonidos más escalofriantes. Mientras Deidre sostenía su cámara preparada, olfatearon el aire, listas para avistar y olfatear un Simio del Pantano.

Cuentos populares, mitos y leyendas de los Everglades

Compruébalo ¿Por qué crees que algunos esperan que el Simio del Pantano sea real?

Criaturas de los

Everglades

por Nathan W. James

Conoce a la pantera de la Florida

En algún momento, el animal estatal de la Florida vagaba por muchos estados sureños. Para encontrar una pantera de la Florida en la actualidad, tendrías que investigar el parque nacional Everglades en busca de uno de los pocos felinos que quedan. Esta criatura tímida prefiere evitar a las personas. Con su pelaje café confundido con el fondo arenoso o su cuerpo oculto entre la cortadera alta, puede ser difícil divisar a esta criatura de los Everglades.

La pantera de la Florida nace con ojos azules brillantes y manchas oscuras en todo el cuerpo. Los cachorros permanecen, aproximadamente, un año con su madre. A medida que la pantera crece, sus manchas se desvanecen a un color marrón arenoso y sus ojos se vuelven amarillos dorados. Pronto crecerá hasta alcanzar su tamaño completo (7 pies de largo y 130 libras de peso). ¡Es un gatito grande!

A menos que esté ocupada criando una familia, la pantera de la Florida prefiere vivir sola. Frota su cuerpo contra los árboles para dejar su aroma. Eso permite que otras panteras sepan de quién es el territorio donde se encuentran. La pantera también usa sus garras afiladas para marcar su territorio. No es cuestión de dejar que cualquier territorio de caza caiga en manos de un rival. Lo que no puede hacer es rugir para espantar a otras panteras. En cambio, chilla, sisea o ronronea para comunicarse con otros felinos.

Este felino, que en algún momento enfurecía a los granjeros locales al comerse a sus animales, está en peligro en la actualidad. Se han construido casas y tiendas donde antiguamente cazaban las panteras. En la actualidad el parque es su único terreno de caza. En un momento, solo 30 panteras deambulaban por el pantano. Pero en el año 1995, los guardabosques tomaron medidas para aumentar el número de panteras en el parque. Gracias a los guardabosques y otros voluntarios, más de 100 panteras llaman hogar a los Everglades en la actualidad.

Cocodrilos y caimanes

¿De quién son esos ojos que sobresalen del agua en los pantanos de la Florida? ¿Le pertenecen a un caimán o a su primo, un cocodrilo? A primera vista, parecen el mismo animal. Pero si sabes qué buscar, puedes diferenciar a estos nadadores **sigilosos**.

Los ancestros distantes de los cocodrilos y los caimanes pasaban el tiempo atrapando y comiendo o huyendo de los dinosaurios. Los dinosaurios se extinguieron hace más de 65 millones de años, pero los cocodrilos y los caimanes sobrevivieron. Tienen casi el mismo aspecto que en ese entonces.

Los Everglades son el único lugar de la Tierra donde encontrarás cocodrilos y caimanes mezclados. Aunque pueden tomar el sol juntos, estos animales hacen su hogar en diferentes lugares. Muchos cocodrilos prefieren vivir en el agua costera salina, mientras que los caimanes prefieren el agua dulce.

> ∧ Un gran número de caimanes se reúne en este estanque de los Everglades. No tienen un aspecto muy diferente al de sus ancestros de hace 65 millones de años.

Ambas criaturas miden aproximadamente 13 pies de largo. Ambos tienen patas cortas que les permiten correr rápidamente un breve período de tiempo. Su cola larga y poderosa los ayuda a nadar muy rápido.

Sin embargo, hay diferencias. Las escamas de los cocodrilos tienen un tono más claro de verde que las de los caimanes. El cocodrilo tiene un rostro delgado, irregular y triangular, mientras que el rostro del caimán es más ancho y plano. Además, los dientes inferiores del cocodrilo se ven cuando cierra la boca, pero los dientes del caimán no. Tanto los cocodrilos como los caimanes pueden cerrar su quijada sobre su presa con más fuerza que cualquier animal del mundo. Sin embargo, los músculos que abren su quijada son tan débiles, que un ser humano adulto puede mantener su quijada cerrada con una mano.

Manatíes: vacas de mar

¿Alguna vez has oído hablar de una vaca nadadora? El manatí no les muge a los barcos que pasan, pero aun así, le llaman vaca de mar. Al contrario de las vacas de los establos, el manatí tiene aletas y talento para nadar.

Esta bestia de aspecto extraño puede pesar 1,300 libras o más, pero es capaz de moverse elegantemente por el agua. Su cola ancha con forma de cucharón y su cuerpo casi sin pelo le permiten nadar a 15 millas por hora o más. Sin embargo, el manatí generalmente se toma su tiempo comiendo algas y otros alimentos en su camino.

Los manatíes tienen pulmones para respirar aire. Los orificios nasales del manatí se encuentran en el extremo de su cuerpo de diez pies de largo. Solo necesita asomar la punta de su nariz fuera del agua para respirar. No obstante, esta criatura marina no necesita respirar aire con tanta frecuencia como nosotros. Un manatí puede contener la respiración por 15 minutos o más.

Los manatíes viajan solos o en grupos muy pequeños. Esto hace que sea difícil para las lanchas a motor ver y evitar a estas criaturas mansas de movimientos lentos. Por lo tanto, el gobierno ha reservado áreas para proteger a los manatíes. Estas áreas se llaman **santuarios**. No se permite nadar o navegar en ellos.

Los manatíes duermen en el fondo del océano. Tienen que flotar hasta la superficie para respirar. A veces, pueden hacerlo sin siquiera despertarse.

A los manatíes les gusta masticar las plantas que crecen bajo las aguas de los pantanos de mangles.

La pitón de Birmania

Imagina un animal que puede comerse un ciervo adulto entero. Probablemente pienses en un animal grande, como un oso o un león. Sin embargo, a una serpiente llamada pitón de Birmania le cabe un ciervo en el estómago.

La pitón de Birmania es básicamente un músculo largo. De hecho, es una de las serpientes más largas del planeta. Puede crecer hasta 23 pies de largo o más. Puede pesar casi 200 libras. La piel de la pitón está decorada con líneas café y parches negros. Estos colores la ayudan a confundirse con las hojas de los árboles en los que vive cuando es joven. También se confunde bien con las hierbas y las raíces en el suelo. Allí es donde vive como serpiente adulta.

Estas serpientes del sur de Asia tienen una personalidad mansa que hace que sean mascotas populares en los Estados Unidos.

En enero de 2013, en la Florida se realizó un concurso para atrapar a la pitón de Birmania más larga. Estos cazadores trabajan para el estado de la Florida y cazan pitones todo el año.

Desafortunadamente, suelen volverse muy grandes y su alimentación, muy cara. A veces los dueños de pitones sueltan a sus serpientes en la naturaleza para no tener que cuidarlas más.

Durante la década de 1990, los conejos, los zorros y otros animales pequeños comenzaron a desaparecer del parque nacional Everglades. Al mismo tiempo, aumentaron los informes de mascotas perdidas en los vecindarios cerca del parque. Algunos liberaban a su pitón de Birmania en el parque nacional, y las serpientes se comían a los animales pequeños. Llamamos **invasoras** a estas serpientes porque se mudan a un área, se multiplican y luego dañan a los animales locales comiéndoselos o comiendo su alimento.

Pedro pitón

Pedro pitón, un beagle, ayuda a controlar la población de pitones con su nariz. El trabajo de Pedro es rastrear a las pitones mediante su aroma. Para practicar, un guardabosques arrastra una pitón dentro de una bolsa a través del suelo para crear un aroma que Pedro seguirá. Luego esconde a la pitón. Cuando el guardabosques dice "¡Encuéntrala!" Pedro olfatea el suelo con entusiasmo. Está entusiasmado porque cuando encuentre a la serpiente, va a jugar mucho con el guardabosques.

Compruébalo ¿Cuáles son algunas de las características más notables de los animales que viven en los Everglades?

Comenta

1. ¿Qué conexiones puedes establecer entre los cuatro artículos de este libro? ¿Cómo se combinan los artículos para ayudarte a comprender cómo es la vida en los Everglades?

2. ¿Qué amenazas a los Everglades hicieron que se trabajara para establecer un parque nacional allí?

3. Las leyendas a veces se originan en algo que realmente sucedió. ¿Crees que el Simio del Pantano puede ser real o es solo una leyenda? Indica por qué crees eso.

4. Piensa en los tipos de plantas y animales que tienen su hogar en los Everglades. ¿Cuáles son algunas características que los ayudan a sobrevivir en este lugar?

5. ¿Qué más te gustaría saber sobre los Everglades?